AF362782

PÉTITION*

A L'ASSEMBLÉE NATIONALE,

PAR CLAUDE - SIMON DEMANDRES,

Curé de Donneley, Département de la Meurte,

Du 18 Décembre 1791.

MESSIEURS,

VOUS que le dévouemenr à votre Patrie a défignés pour lui donner des lois qui, dictées par votre fageffe, maintiendront la Conftitution, permettez que je réclame l'exécution des décrets rendus en ma faveur par l'Affemblée Conftituante, les 13 janvier 1790 & 20 avril fuivant, au fujet d'une découverte dont je fuis l'inventeur.

MOTIFS.

Ces Décrets ont pour bafe :

1°. Les procès-verbaux des expériences que j'ai faites en grand, à Donneley, fous les yeux des officiers du

---

* *Objet des plus intéreffans pour la Nation, qui fera rap-porté à la Séance du* 1791.

Pétition de M. Demandres. A

génie, confirmés par le maréchal Choiseul - Stainville, en date du 2 août 1784.

2°. Le procès-verbal du 23 avril 1785, rédigé & signé par les officiers du Bailliage de la Vatzenau, & les bateliers-jurés du Rhin, sur ma première remonte de ce fleuve & de la rivière d'Ill.

3°. Le privilége exclusif, en date du 8 novembre 1785, qui m'a été accordé d'après le rapport de l'Académie des Sciences.

4°. La notoriété publique de ma seconde remonte du Rhin, faite en décembre 1787, en présence de plus de 30,000 témoins, & avec un chargement considérable, depuis le confluent de la rivière d'Ill & du Rhin, jusqu'à une lieue au - dessus du pont de Kehl, parcourant ainsi l'espace de plus de six lieues, en huit heures de manœuvres faites par dix hommes seulement, sans aucun titage sur les bords ; remonte qui n'a jamais eu lieu de quelque manière que ce soit.

5°. Une lettre de M. Malouet, intendant du port de Toulon, membre de l'Assemblée Constituante, par laquelle il m'invite à me rendre sur ce port pour y faire des expériences en grand.

6°. Un procès-verbal du succès de ces expériences en grand, rédigé & signé par les commandans, intendans, directeurs, sous - directeurs & autres officiers du port de Toulon.

7°. Les attestations du succès des expériences ci-dessus de MM. Vialis & d'Aiguillon, maréchaux des camps & armées, directeurs des fortifications en Corse, Provence & Dauphiné, le premier membre de l'Assemblé Constituante.

8°. Un rapport de l'Académie Royale & Maritime de Marseille, qui reconnoît à ma découverte un double avantage au moins, sur les moyens actuels employés au curage des ports.

9°. Une délibération unanime de la Chambre du Commerce de Marſeille, pour l'emploi de ma machine, au curage de leur port ; délibération qui n'a pas eu lieu, parce que M. Laluzerne, alors miniſtre de la marine, après avoir avoué mes ſucc.; (ainſi que le conſeil) m'a invité, par une lettre du 11 avril 1789, à me rendre à Paris, pour faire en grand un mouvement applicable à une grue, lequel j'ai fait conſtruire à mes frais, à Verſailles.

10°. Le rapport fait à l'Aſſemblée Conſtituante, des ſuccès obtenus avec le mouvement ci-deſſus, exécuté en grand à Verſailles ; ce rapport, en date du 8 octobre, fait par M. Bureau de Puſy, l'un des ſix commiſſaires, membres de l'Aſſemblée, & nommés par elle.

11°. Un ſecond rapport fait le premier mai 1790, par M. Bureau de Puſy à l'Aſſemblée Conſtituante, du ſuccès des expériences comparatives faites les premiers jours d'avril au cloître des Feuillans, ſous les yeux de beaucoup de membres de l'Aſſemblée, & d'une infinité d'autres ſavans.

Il eſt parfaitement conſtaté par tous les titres précédens, dont l'authenticité ne peut ſouffrir le moindre doute, que mon moteur a au moins l'avantage du double ſur toutes les autres machines connues, qui ont l'homme pour agent ; & que je conſerve le même avantage ſur les machines où l'on emploie les animaux, tant par les dépenſes qu'ils né-ceſſitent, que par la ſûreté des effets.

Qui pourroit croire, Meſſieurs, que malgré l'authen-ticité de tant de titres connus de toute l'Aſſemblée Conſ-tituante, mes ennemis euſſent pu concevoir ſeulement l'idée d'un nouveau décret ſubreptif, pour me ſoumettre à un ſecond examen de l'Académie des Sciences, afin qu'il fût conſtaté par elle, ſi j'étois véritablement auteur de cette machine, & de ſon degré d'utilité ; cependant, l'aſtuce qu'on y a miſe m'a expoſé à bien des contradictions.

Le Comité de liquidation ayant été chargé, par un décret

du 20 avril 1790, de l'examen de l'indemnité qui devoit m'être accordée, & dont on connoiſſoit la légitimité; ce Comité, dis-je, réuni à celui d'agriculture & de commerce, & de l'avis de M. Bureau de Puſy, & d'autres ſavans invités à la rédaction du rapport, après avoir examiné avec beaucoup de réflexion tant les titres qui conſtatoient la vérité de mes ſuccès, que ceux qui regardoient mes dé-penſes qu'ils ont eſtimées à 200,000 liv., terminèrent le rapport le plus honorable qu'une Nation libre & éclairée, puiſſe faire en faveur d'un Citoyen qu'elle veut récom-penſer, par le projet de décret ſuivant :

« L'Aſſemblée Nationale, après avoir entendu ſon Comité de Liquidation, décrète ce qui ſuit :

ARTICLE PREMIER.

» Le nouveau traité de méchanique de M. l'Abbé De-
» mandres, ſera imprimé, & les planches gravées aux
» dépens de la Nation.

I I.

» Il ſera accordé à M. Demandres, la ſomme de
pour l'acquittement de ſes dettes.

I I I.

» M. l'Abbé Demandres & l'ouvrier qui fait les
» machines, feront employés par le gouvernement, qui leur
» donnera des appointemens convenables ».

Pluſieurs Membres de l'Aſſemblée appuyèrent ce projet de décret; enſuite d'autres le combattirent : mais l'Aſſemblée ſatisfaite de mes expériences & de mes ſuccès, ayant demandé le titre qui juſtifioit que les machines que j'avois miſes ſous ſes yeux, & dont elle avoit vu les opérations en grand, étoient de mon invention, & le Rapporteur oubliant qu'il avoit en mains ce titre émané même de l'Académie, un Académicien, Membre de l'Assemblée, profita adroitement de cet oubli, pour demander mon renvoi à l'Academie qui jugeroit de la propriété de mon invention & de son utilité. Ce décret fut adopté le 14 Octobre 1791, en m'accordant une seconde provision alimentaire de mille écus.

Quoique ce décret fût occasionné par une erreur de fait & que je fusse très-persuadé qu'après m'avoir fait éprouver un long retard, le rapport des Commissaires de l'Académie ne me seroit pas favorable, ma soumission respectueuse à la loi me le fit solliciter vivement, par écrit & verbalement, & me détermina à envoyer mes modèles, devis & desseins à cette compagnie & à ses Commissaires, qui s'étoient rassemblés au jour convenu, dans une chambre à côté de leur salle d'assemblée où je me suis rendu. Ils décidèrent entr'eux, (M. de la Lande, quatrième Commissaire excepté), *qu'ils connoissoient mes mouvemens; qu'ils ne valoient rien, & qu'il n'étoient propres à rien* : l'un des trois ajouta même, qu'un homme *chargé de plomb marchant dans une grue, produiroit autant d'effets contre une résistance quelconque, que celui qui manœuvreroit sur mes mouvemens.*

Ces Messieurs avoient cependant sous les yeux, & ne voulurent point examiner les modèles, devis & dessins de la machine *à cricq elliptique* avec *engrenage,* dont les expériences en grand avoient été faites à Strasbourg, à Toulon, à Versailles & à Paris toujours avec succès, comme il est constaté par les rapports & procès-verbaux dits ci-dessus; ils y avoient aussi les modèles, devis, & dessins de la machine *à cricq elliptique sans engrenage* avec laquelle, au mois de Juillet & Août dernier, j'ai arraché & enlevé 150 rochers du lit de la rivière de la Haute-Marne dont j'ai eu l'honneur de vous faire distribuer hier les rapports, & avec laquelle j'ai arraché deux autres rochers, du lit de la Basse-Marne les premiers jours de ce mois de Décembre, desquels l'un est déposé sur mes bateaux plats descendus avec toutes mes machines au dessous du Pont Notre-Dame; l'autre, du poids de plus de 50 milliers, ne pouvant y être déposé sans crainte d'être submergé, a été placé par mon mouvement à une distance de plus de 10 toises de sa couche, de manière qu'il ne peut plus nuire à la navigation. Ces derniers faits sont constatés par des procès-verbaux de Saint-Maur joints à mes titres, envoyés officiellement au District, & par celui-ci au Département de Paris.

Je ne dissimulerai pas à l'Assemblée Nationale, que je me suis retiré saisi d'indignation, non pas de surprise, puisque les Académiciens avoient refusé opiniâtrément, non-seulement les défis réitérés que je leur avois portés par écrit & verbalement, de faire des expériences comparatives & en grand, de leurs moyens avec mes mouvemens, pour quel objet il leur plairoit, mais encore d'honorer de leur présence celles faites au cloître des Feuillans & sur la rivière de Seine au terrein près Notre-Dame, pendant l'espace de plus de six mois, tant relativement au jeu des pompes qu'à celui des sceaux pour l'élévation des eaux, & à l'enlèvement des corps graves.

Enfin, trois des quatre Commissaires de l'Académie (M. de Lalande s'y étant refusé) ont fait le 15 Janvier dernier, le rapport ci-joint.

Je ne m'arrêterai pas à détruire la fausseté des raisonnemens de ce Rapport, que j'ai déjà combattus dans le Précis & les Observations que j'ai eu l'honneur de vous faire distribuer ce matin, & à la suite desquelles se trouve ma correspondance avec l'Académie: j'observerai seulement que ce Rapport ne respire que la mauvaise foi, puisque l'intention de l'Assemblée Constituante, par son Décret du 14 octobre 1790, étant que l'Académie prononçât sur ma propriété d'invention & fur l'utilité des machines telles, que j'en avois dépofé les modèles, devis & deffins à la falle des féances de l'Affemblée Conftituante, & telles que les exécutions & expériences en grand en avoient été faites fous fes yeux, à Verfailles & à Paris, & foumis à l'examen des fix Commiffaires tirés de fon fein, qui lui en avoient fait leur Rapport; puifque, dis-je, les trois Commiffaires de l'Académie ont évité avec fcrupule de faire la moindre mention du mouvement *à cricq elliptique avec engrenage,* & de celui *fans engrenage,* les feuls dont il s'agiffoit, pour ne parler que de mon mouvement de 1785, qui étoit *à tringles,* & infiniment inférieur à celui *à cricq elliptique avec engrenage,* & à celui *fans engrenage* de 1789 & 1790, tant pour la fimplicité, la folidité & les effets, que pour l'aifance des manœuvres, puifque les ouvriers de la campagne peuvent les conftruire; qu'ils ne fônt pas fujets à un entretien difpendieux; de manière, en un mot, qu'ayant fait parvenir à fon terme la perfection de ma découverte, j'ai obtenu une fupériorité indéfinie par-deffus toutes les Machines connues, tant dans la puiffance de mon moteur, que dans l'application qu'on en peut faire à toutes les forces de la Nature exercées par l'homme & par l'emploi des animaux; de manière enfin que j'ai trouvé le *maximum* des forces de l'homme dans la double action de toute fa pefanteur & de l'énergie de fes mufcles. L'homme, fur mon moteur, agit tout entier, mais fans contrainte & fans gêne, toujours maître d'augmenter ou de diminuer à fon gré fes efforts, & dans la pofition la plus naturelle à tous fes organes. C'eft ce dont l'Académie auroit pu fe convaincre, fi, au lieu de fe borner à l'examen de ma Machine de 1785, elle eût examiné mes Machines de 1789 & 1790; elle auroit vu auffi que, toujours confervant un très-grand avantage fur toute autre Machine, tant du côté de l'économie, que du côté des effets, le nombre d'hommes y peut être multiplié de manière qu'ils n'éprouvent que très-peu de fatigue, & qu'ils peuvent aifément perfévérer dans leur travail. C'est ainfi que j'ai introduit dans la Méchanique la totalité de l'action mufculaire, & que je l'ai fait coïncider avec celle de la pefanteur; en forte qu'on ne peut plus dire qu'il faille ôter à l'homme une portion de lui-même, pour le faire agir avec plus d'avantage : paradoxe auquel tend vifiblement le Rapport de l'Académie. J'ai donc trouvé & fimplifié dans cette combinaifon tout le *maximum* poffible des forces de l'homme; & ce qui rend encore plus précieufe cette découverte, c'est le point d'appui que je fais prendre dans le fond des eaux comme fur la terre : autant d'avantages dont, pour des raifons particulières, il importoit aux Commiffaires de l'Académie de dérober la connoiffance à la Nation & à l'Affemblée Conftituante. Mais la théorie académique la plus captieufe, toutes les intrigues & tous les intérêts particuliers poffibles ne pourroient les détruire, quand même l'Académie, d'intelligence avec tous les individus intéreffés comme elle, auroit, dans fon Rapport, obfcurci de fophifmes ma découverte de 1789 & fon perfectionnement de 1790. Qu'est-ce donc que cet infignifiant Rapport, où il n'est fait mention que de la Machine *à tirans* examinée déja en 1785, examinée de nouveau, & feule, en 1790, par l'Académie, contre l'efprit & l'intention bien expreffe du dernier Décret de l'Affemblée Conftituante.

Cependant, après un femblable Rapport, il ne me reftoit d'autre parti à prendre pour triompher de mes ennemis, que de faire des opérations merveilleufes & fans exemple, comme (je pourrois dire) la Révolution françaife. C'est à quoi j'ai eu le bonheur de réuffir depuis ce Rapport, puifque, par l'arrachage de rochers, du poids depuis 20 jufqu'à plus de 50 milliers, cités ci-deffus, j'ai effectué ce que jamais raifonnablement on n'auroit pu exiger de moi, & ce que je n'aurois pu, d'une manière vraifemblable, annoncer moi-même; ce qui a déterminé

le Directoire du Département de la Haute-Marne à s'ex-
primer de la manière suivante :

*Le Directoire, pénétré de l'importance & de l'utilité de
cette Machine; applaudissant à son Auteur, & lui rendant
l'hommage que la Liberté & le Patriotisme doivent à
l'homme qui consacre de grands talens aux progrès des
Arts, au service & à l'utilité de son pays, a arrêté.... 1°....
2°..... 3°..... 4°..... Que l'Assemblée Nationale sera priée
de prendre dans la plus sérieuse considération l'importance
& l'utilité de la Machine de M. l'Abbé Demandres, &
d'accorder à cet habile Méchanicien l'encouragement, & la
protection spéciale que mérite, de la part d'une Nation
éclairée, celui qui fait un aussi utile emploi de ses con-
noissances & de ses talens.*

Oh! sans doute, c'est bien au sujet d'expériences aussi
merveilleuses, aussi inconcevables, dont j'aurois annoncé
la tentative, que les Commissaires de l'Académie se seroient
écrié, scomme ils l'ont fait dans leur Rapport du 15 janvier 1791, que j'allois me livrer *à des dépenses considérables
pour obtenir un succès que la nature des choses rendoit
impossible.* Je l'ai cependant obtenu ce succès; j'ai donc obtenu l'impossible, suivant leurs expressions, & je l'ai obtenu
presque sans frais, sans autre effort que celui d'un seul
homme, & en peu de temps.

Je puis donc, sans présomption, penser que les Académiciens, toujours excités contre moi par un doute
affecté, ne seront pas tentés de remuer cent cinquante
rochers, éternels témoins de ma gloire, déposés sur les
bords de la Marne ; & qu'en conséquence, ils seront forcés
d'avouer qu'il est heureux pour moi, & du plus grand
avantage pour ma Patrie, que mon zèle & mon dévoue-
ment à la servir ne m'aient pas permis de me borner à
des essais, à des expériences faciles & peu coûteuses auxquelles ces Messieurs avoient voulu m'engager, par des vues
qui leur étoient personnelles, mais contraires au bien général

de la Nation ; puifque, fans ma conftance à conduire progreffivement ma découverte à fa perfection, par le facrifice de trente années du travail le plus pénible, par celui de plus de 200,000 liv. de dépenfes, & malgré les obftacles en tout genre que j'ai rencontrés à chaque pas, je n'aurois pas la fatisfaction de pouvoir affurer par des faits, les illuftres Repréfentans de la Nation Françaife, que ma découverte la mettra en état de donner de la fureté & de l'activité à fon Commerce,

1°. Par l'arrachage des rochers, leur enlèvement & celui des bancs de fable qui obftruent nos ports, fleuves & rivières ;

2°. Par la facilité de creufer des canaux fans employer ni brouettes ni charrettes ;

3°. Par la facilité de percer & niveler les routes ;

4°. Par l'affurance des nautoniers, que leur vie & les marchandifes qui leur feront confiées, ne feront plus expofées à des milliers d'écueils, qui, fans mes moyens, auroient été éternels ;

5°. Par la certitude que j'ai donnée du paffage, fans danger de naufrage, des plus gros chargemens, au moins des ponts & perthuis les plus périlleux ; puifque, fans parler de mes expériences de la remonte du Rhin, faites en 1787, le 19 du mois de novembre dernier, par le fecours de trois hommes manœuvrant fur mon mouvement, j'ai remonté, à la vue de Paris, & dirigé, en moins de quatre minutes, fous l'arche Batelière, un des plus grands' trains de bois échoué contre le Pont-au-Change, qu'il barroit, & qui en auroit fait échouer beaucoup d'autres qui le fuivoient à peu de diftance ; & puifque, le 29 du même mois, malgré la vîteffe des eaux, deux hommes feuls manœuvrant, ont remonté le Pont-Notre-Dame jufqu'à l'Ifle-S.-Louis, avec deux batelets & trois bateaux chargés des mouvemens & agrêts employés à l'arrachage des rochers de S.-Maur ; remontes qu'un grand nombre de chevaux auroient eu peine à faire, quoiqu'en y mettant beaucoup de retard.

Quelle confiance pour les Négocians, d'être assurés que, par mon moyen, on tirera du fond des fleuves & rivières les bateaux submergés, & les vaisseaux du fond des mers! quel puissant moyen pour la pêche des ancres & canons encombrés sous les sables de nos ports! quel avantage la Nation ne tirera-t-elle pas de l'emploi de mes mouvemens au curage des rivières & des ports maritimes, au desséchement des marais, à l'arrosement des terres arides, à l'extraction de l'eau des vaisseaux, à leur chargement & déchargement, quelle que soit la masse, à l'enlèvement des ancres, à la construction & à la démolition des édifices & monumens publics, aux travaux des carrières & des mines, au pilage de toutes sortes de matières, aux corderies, au sciage des bois & des pierres, & à beaucoup d'autres objets qui ont pour agens les chevaux qui seront rendus à l'agriculture & à la cavalerie. Ici l'humanité réclame encore en faveur de l'emploi de ma découverte, puisqu'en produisant des effets extraordinaires, la vie des hommes est toujours en sureté, & puisqu'en augmentant les productions & les revenus de la France, elle rendra à l'air sa salubrité, & pourvoira à la subsistance de la classe d'hommes la plus à charge à l'Etat qu'alors elle servira utilement. En un mot, il n'est plus douteux que, par le moyen de mon moteur, on ne dissipe tous les obstacles, toutes les matières dures qui gênent la navigation des fleuves & des rivières, nuisent à la sureté & à la commodité des ports, des détroits, des baies & des rivages, retardent l'exécution des routes nouvelles & des canaux nécessaires à la prospérité du Commerce & de l'Empire, empêchent de construire & de réparer avec facilité, en plusieurs points nécessaires, des fortifications qui le fassent respecter au dehors.

Ce moteur offre encore un autre avantage inappréciable : c'eſt que, dans les climats & dans les ſaiſons où l'action de l'eau & celle de l'air viennent à manquer, il y pourra ſuppléer mieux qu'aucun autre moyen pour tous les beſoins de l'homme.

Vous voyez, Meſſieurs, qu'il ne pouvoit plus me convenir de mettre mon ſort entre les mains d'un Tribunal académique : je l'aurois fait au déſavantage de ma Patrie & au mien. Ce n'eſt qu'aux pieds de la majeſté nationale que je viens remettre ma deſtinée. C'eſt ici, c'eſt à ce Tribunal ſuprême, qu'il eſt beau pour moi de confondre ma cauſe dans la cauſe commune, & d'ajouter à l'immenſité des attributs qui caractériſent la Nation Françaiſe, les attributs d'une découverte qui, même dans les circonſtances actuelles, peut concourir puiſſamment à ſa proſpérité, pour laquelle je fais hommage de mes dernières années. Ah ! que mon cœur, entièrement dévoué à ma Patrie, eſt affligé de ne pouvoir auſſi lui faire l'hommage pur & ſimple des dépenſes immenſes (celles de plus de 200,000 liv.) auxquelles j'ai été néceſſité par ma découverte ; ſans y comprendre celles faites à Straſbourg, par ordre de M. de Calonne ; à Toulon, à l'invitation de M. Malouet, Intendant de ce Port ; à Verſailles, par ordre du Miniſtre de la Marine ; à Paris & à S.-Dizier, ſans autres indemnités que les 6000 liv. accordées proviſoirement, pour ma ſubſiſtance, par l'Aſſemblée Conſtituante.

Des créanciers, laſſés d'attendre, ont affiché, pour les premiers jours de janvier prochain, la vente de mes biens & de ceux de ma famille qui m'a cautionné, & à laquelle il ne reſteroit d'autre reſſource que la mendicité, ainſi qu'à Joſeph Girard, mon paroiſſien & Maître-Ouvrier, qui depuis trente ans ne m'a pas quitté, & dont j'alimente la femme & huit enfans.

Un honnête & généreux Citoyen, vrai patriote, touché du malheur dans lequel me précipitoit le Rapport injuſte de l'Académie des Sciences, du 15 janvier 1791, a engagé fa fortune pour me mettre en état d'exécuter à S.-Dizier, par mes mouvemens actuellement à Paris, les merveilleufes opérations que je viens de citer. Comme moi, épuifé dans fes reffources, pouvant à peine fuffire à fes befoins, il eft forcé de m'abandonner à mon fort, avec des Ouvriers que je ne peux ni retenir ni renvoyer, faute de fonds ponr les falarier.

Voilà, Meffieurs, les raifons qui me néceffitent, en vous faifant l'hommage de ma découverte, de vous fupplier de vouloir bien prendre en confidération la Pétition fuivante.

CONCLUSION.

Je fupplie l'Affemblée Nationale d'ordonner,

1°. Que conformément au Décret du 10 juillet 1790, par lequel il eft ftatué que *l'Etat doit récompenfer les fervices rendus au corps focial, quand leur importance & leur durée méritent des témoignages de reconnoiffance, & que la Nation doit auffi payer aux Citoyens les facrifices qu'ils ont faits à l'utilité publique*, il me foit accordé une indemnité pour trente années de travaux, & pour les dépenfes de plus de deux cent mille livres, fupérieures à ma fortune & à celle de ma famille, comme il eft reconnu par les Décrets du 13 janvier & du 20 avril 1790, qui font relatifs à ma découverte, & par le Rapport du Comité de liquidation de la même année;

2°. Que cette indemnité foit également fondée fur les dépenfes que j'ai faites à Strafbourg, en 1787, par ordre de M. de Calonne, alors Miniftre des Finances, lefquelles ont été de plus de vingt-quatre mille livres;

3°. Qu'elle foit fondée fur mes voyages, féjours & dépenfes à Toulon, par invitation de M. Malouet, Intendant de ce port ; à Verfailles, par ordre du Miniftre de la

Marine ; & à Paris, fous les yeux de l'Affemblée Conftituante.

4°. Par les Décrets relatifs aux penfions deftinées aux
favans & aux artiftes : je puis même fupplier l'Affemblée
Nationale de m'accorder le *maximum* de la penfion,
parce que j'ai découvert le *maximum* de la Mécanique
dans la combinaifon la plus heureufe de la force mufculaire de l'homme, avec celle de fa pefanteur, tellement
que j'ai rendu l'homme capable d'opérer *des effets regardés*
jufqu'à préfent, chez toutes les Nations, comme fupé-
rieurs aux forces humaines ; en un mot, comme impof-
fibles. Mon Ouvrier, Jofeph Girard, eft digne de la
moyenne penfion, par les rares talens dont il n'a ceffé de
donner des preuves avec moi depuis trente ans. Je fuis
âgé de 66 ans, & je ne jouirai pas long-temps de ma
penfion.

5°. Le Département de la Haute-Marne m'ayant re-
commandé à l'Affemblée Nationale, pour être récompenfé
des travaux relatifs à l'*arrachage* des cent cinquante rochers
que j'ai enlevés du lit de la Haute-Marne ; je fupplie
l'Affemblée de déterminer auffi le paiement de ces travaux,
dont les dépenfes ne m'ont pas même encore été rembour-
fées. On peut, fans exagération, eftimer que, quand même
ces travaux auroient été poffibles par les moyens connus,
ils auroient coûté un million au moins à la Nation, qui
n'auroit pas joui auffi promptement de leurs fuccès, puif-
qu'il ne m'a pas fallu plus de vingt-deux jours pour les
terminer. *Ces bancs de rochers étoient tenus pour indef-*
tructibles, comme on peut voir dans le rapport fait par
différentes Municipalités & par le Diftrict de Saint-Dizier,
dont voici quelques expreffions : *ces bancs étoient tous très-*
nuifibles à la navigation, & occafionnoient des retards &
des pertes immenfes aux marchands & aux maîtres mari-
niers ; que c'eft de la part de M. l'Abbé Demandres le plus
grand fervice qu'un bon Patriote ait pu rendre à la Nation :

service d'autant plus appréciable pour la Nation & le ser-
vice de la Marine nationale, que les ports de Saint-Dizier,
Moeslains, Valcourt & Hoiricourt, font les plus forts
dépôts de bois de construction pour la Marine nationale &
marchande de la France, & qu'ils fournissent une très-
grande partie des bois de charpente & de sciage pour la
capitale; que c'est aussi sur ces mêmes ports, que se cons-
truisent une infinité de bateaux sur lesquels se chargent tous
les fers en barres & en fonte, de toutes les forges du Dépar-
tement de la Haute-Marne & de la ci-devant Province de
Lorraine où le dépôt se fait sur lesdits ports, la rivière
de Marne n'étant pas navigable au-dessus d'iceux : services
qui ne peuvent être récompensés que par une Nation entière,
envers M. l'Abbé Demandres, ou par ses augustes Repré-
sentans. (Pages 8, 9 & suivantes.) Enfin, ces effets
avoient été jusqu'alors regardés comme *inaccessibles aux*
forces humaines. (Pages 3 & 17.)

6°. Pour démontrer à la Nation de plus en plus mon
patriotisme & les avantages de ma découverte, je supplie
l'Assemblée Nationale d'inviter le pouvoir exécutif à m'accorder l'adjudication des travaux publics du Royaume, à
un cinquième au rabais. La Nation y gagnera, non-seulement par la diminution de tous les prix, mais encore par
la réalisation & la célérité d'un grand nombre d'effets,
que nul autre moyen mécanique ne pourroit opérer avec
autant d'avantage & de sûreté que mon moteur.

7°. Si, au contraire, l'Assemblée Nationale juge encore
plus convenable au bien de la Nation d'acquérir pour
elle ma propriété d'invention, je suis fondé à l'assurer que
la Nation y gagnera plus de dix millions chaque année,
sans y comprendre les bénéfices particuliers qui en résul-
teront pour les chefs d'ateliers, d'usines & de manufac-
tures de tout genre, & pour tous les négocians du
Royaume.

8°. Je ne finirai pas cette Pétition sans inviter les quatre-vingt-trois Départemens du Royaume, à m'indiquer tous leurs besoins, relativement aux travaux extraordinaires dont je viens de désigner les objets. J'ai lieu de croire que même les vaisseaux submergés ne résisteront pas plus que les rochers, à la force de mes moyens.

A Paris, le 18 décembre 1791.

Signé, l'Abbé DEMANDRES, *Curé de Donneley, Département de la Meurte.*

Nota. Voyez, pour vérifier toutes les assertions contenues dans la présente Pétition, les archives des Comités de l'Assemblée Nationale, où se trouve, en faveur de ma découverte, une collection de pièces, de rapports, de décrets & de projets de décrets, telle qu'aucune découverte, aucun particulier, n'en offre point d'exemple. Voyez aussi le *Précis des pièces de M. Demandres, relativement à sa découverte & aux avantages qui en résultent, à Paris, de l'Imprimerie Nationale, 1790; ma Lettre dans le Supplément au Journal de Paris, vendredi 3 décembre 1790; les Observations sur la découverte de l'Abbé Demandres, & sur le rapport qui en a été fait le 15 janvier 1791 à l'Assemblée Nationale, par l'Académie des Sciences, de l'Imprimerie Nationale; ma Supplique à l'Assemblée Nationale, du 25 janvier 1791; le Rapport des Municipalités, du District & du Directoire du District de Saint-Dizier, Département de la Haute - Marne, des 8 & 18 août 1761, &c., &c., &c.* Voyez aussi le *Brevet d'invention* qui m'a été accordé au mois de septembre dernier, & qui est déposé chez M. Bro, Notaire à Paris, rue du Petit-Bourbon, conformément à l'acte de société, passé en son étude, le 29 octobre dernier, entre M. Martin, M. Lejoyand & moi.

Signé, DEMANDRES.

DE L'IMPRIMERIE NATIONALE.